소리 · 스물셋

# 윤리와 도덕
### - 시대를 초월하는 가치를 찾아서 -

말한이 활 성 ∣ 엮은이 김 용 호

# 코로나 사태를 어떻게 볼 것인가

말한이 활 성

KB214712

**고요한소리**

# 차 례

# 윤리와 도덕

## - 시대를 초월하는 가치를 찾아서 -

말한이 활 성 | 엮은이 김 용 호

**일러두기**

* '윤리와 도덕'은 활성 스님께서 2000년 11월 4일 〈고요한소리〉 서울사무소
와 2012년 1월 25일 역경원에서 하신 법문을 김용호 박사가 엮어 정리하였
다. '코로나 사태를 어떻게 볼 것인가'는 활성 스님께서 2020년 5월 17일 역
경원에서 하신 소참법문을 정리한 것이다. 유튜브(http://bit.ly/고요한소
리유튜브) 〈고요한소리〉 채널에서 볼 수 있음.

# 1. 윤리와 도덕

제가 산중에 있다가 한 번씩 나오면 여러분이 몸담고 사는 일상이나 환경이 참으로 팍팍하다고 느껴집니다. 여러분은 이미 그 속에 흠뻑 젖어 있으니까 못 느낄지 모르지만, 산중에서 어쩌다 한 번 나와서 신문이나 텔레비전을 볼라치면 실로 충격적인 일들이 넘쳐나서 여간 마음이 무거운 게 아닙니다.

그 속에서 나날이 생활하는 여러분은 육체적으로 정신적으로 고통이 얼마나 클까 하는 생각이 들었습니다. 요즈음 우리가 물질적으로는 매우 풍요롭고 편리해졌지요. 공해니 식품 오염이니 해도 여러분의 혈색은 다들 좋아 보입니다. 그런데 입만 열면 스트레스 얘기 일색입니다. 너나없이 스트레스에서 헤어나지 못하는 형국이고 모두들 스트레스 환자 같습니다.

그게 다 변혁기를 살아내느라 겪는 정신적인 고충이겠지요. 이 시대는 모든 분야에서 인류 역사상 유래 없는 변화를 겪고 있지 않습니까? 매스컴을 도배하는 여러 문제들이 하나같이 격동기의 고충을 말해 주는 모습들로 보입니다. 가정이나 사회, 정치 할 것 없이 우리가 겪고 있는 숱한 문제들에는 여러 원인이 있겠지요. 하지만 그 근본 원인을 파고들어가 보면 결국 가치 혼란 때문이 아닐까요? 아무리 봐도 우리는 가치 혼돈의 시대를 살고 있는 것 같습니다. 그래서 오늘은 이 시대 가치의 문제를 짚어볼까 합니다.

그런데 가치의 문제는 본질적으로 윤리 도덕의 문제라고 하겠습니다. 윤리 도덕은 대단히 중요한 개념이기 때문에 각 문화권마다 그 용어를 매우 심도 있게 사용해 왔습니다. 유교 문화권에도 윤리 도덕 개념이 있고, 똑같은 뜻은 아니겠지만 다른 문화권에서도 비슷한 개념들이 쓰였습니다. 이 자리에서 유교의 윤리 도덕과 서양의 윤리 도덕 개념이 어떻다 하는 것을 장황하게 이야기할 필요는 없겠습니다. 오늘은 '불교에서의 윤리 도덕은 무엇인가?'에 대해 함께 생각해 보고자 합니다.

우선 사전적 의미부터 살펴보면 윤리는 사람이 지켜야 할 도리와 규범, 곧 인륜 도덕의 원리. 도덕은 인륜의 태도, 사람으로서 마땅히 지켜야 할 도리 및 그것을 자각하여 실천하는 행위의 총체를 말합니다.[1] 불교

에서 윤리라는 용어 자체는 쓰이지 않았습니다. 도덕
이란 단어 역시 자주 쓰이진 않았습니다.


## 윤리


'윤리는 나와 남들과의 관계를 규율하는 체계이다.'
저는 불교에서의 윤리를 이렇게 해석하고 싶습니다. 나
와 남들 간의 관계에서 남이란 다른 사람이기도 하고,
또 다른 생명과 자연까지도 포함합니다. 그런 나와 남
과의 관계를 규제하고 규율하고, 또 어떤 질서를 부여
하는 체계, 그것이 윤리가 아닐까 생각합니다.

---

1  동아 새국어사전, 이기문 감수. 일반적으로 말하는 윤리 도덕의 개
   념과 불교의 윤리 도덕의 개념은 차이가 있음.

불교에서 윤리는 구체적으로 계율戒律로 표현됩니다. 예를 들면 기본 오계五戒[2]가 있지요? '살생하지 말라, 도적질하지 말라, 간음하지 말라, 거짓말하지 말라, 심신을 취하게 만드는 것들을 쓰지 말라.' 이것이 오계이고, 그 오계를 바탕으로 다시 팔계, 십계, 이백이십칠[3]계 이렇게 늘어납니다.

윤리는 시간과 공간에 따라 많은 제약을 받습니다. 나와 남과의 관계이기 때문에 그 남이란 게 무엇이냐에 따라 윤리관은 다양하기 마련입니다. 사람과의 관계, 동물과의 관계, 자연과의 관계에 관한 계戒들이 두루 있다는 측면에서 불교의 윤리관은 대단히 폭이 넓

---

**2** 보리수잎·스물여섯 《오계와 현대사회》 릴리 드 실바 Lily de Silva 지음, 최부동지 옮김. 〈고요한소리〉 참조.

**3** 북방 비구계는 250계임.

고 탄력성이 있습니다. 예를 들면 '살생하지 말라'는 것은 사람이나 동물을 죽이지 말라는 것만이 아니라 일체의 생명을 죽이지 말라는 뜻으로 보아야 합니다. 자연을 파괴하는 일이 그다지 많지 않았던 과거와 달리 오늘날에는 '자연을 파괴하지 말라'는 뜻으로까지 확대해서 이해해야 할 것입니다. 자연을 파괴하는 것은 곧 생물을 죽이는 것이니까 결국 살생 아닙니까. 그러니까 살생하지 말라는 계는 사람과 동물을 해치지 않는 것은 물론이요, 자연을 파괴하지 말라는 것까지 포함합니다.

'살생하지 말라, 도적질하지 말라, 간음하지 말라, 거짓말하지 말라, 심신을 취하게 만드는 것들을 쓰지 말라.'는 오계는 누구나 사람으로서 마땅히 지켜야 할 도리입니다. 윤리는 이렇듯 사람과 사람 사이의 관계가 중심이 됩니다. 사람과 사람 사이가 건전할 때, 다시 말해 사람들이 건전한 관계를 유지할 수 있는 의식 수준에 이를 때, 사람과 동물과의 관계, 사람과 자연과의 관계도 좋아질 수 있다고 봅니다.

그런데 그 관계를 '사람과 사람, 사람과 동물, 사람과 자연'으로 볼 것이 아니라, '나와 남, 나와 동물, 나와 자연'으로 분명히 한정해야 할 것입니다. 실천 주체는 어디까지나 '나'입니다. '사람'이라는 말은 막연한 개념입니다. '사람이 어찌해야 한다.'는 말은 사실상 책임 회피에 쓰기 좋은 말이어서, '사람은 이래야 한다.'고 할 때 보통은 자기를 빼 버립니다. 그렇기 때문에 '사람과 자연'의 관계로 뭉뚱그려서 볼 게 아니라, '나와 자연'의 관계로 명확히 한정시켜 이해해야 합니다. 그런 측면에서 불교에서의 윤리는 반드시 '나'를 포함하고 '나'로부터 출발하는 대단히 강력한 실천 개념입니다. 하지만 윤리가 그런 실천적 체계이긴 한데 시간·공간의 간섭을 많이 받는 특성이 있습니다. 그러니까 윤리가 지역이나 역사 문화 등 여러 조건에 제약을 많이 받는다는 점에서 '윤리는 조건 지어지는 것'이라 보아야 할 것입니다.


## 도덕


'나와 남과의 관계가 윤리라면, 도덕이란 무엇일까요? 불교에서 '도덕'이란 나와 진리와의 관계'를 바르게 세우는 체계가 아닐까 생각합니다. 윤리가 나와 남과의 관계에 관한 것이라면, 도덕은 나와 진리와의 관계에 관한 것이라 규정짓고 싶습니다. 윤리의 구체적 표현이 계율戒律이라면, 도덕은 진리, 즉 도道로서 표현된다고 할 수 있겠습니다. 한문 표현 그대로 '길 도道'에 '큰 덕德'자 이지요. 시간·공간에 제약되고 조건 지어지는 윤리에 비하면 도덕은 나와 진리와의 관계이기 때문에 시공時空을 초월합니다. 나와 진리의 관계를 바르게 세워야 하는 만큼 따라서 도덕이 갖는 의미는 대단히 심오할 수밖에 없습니다.

불교는 첫 출발부터 나와 진리와의 관계인 도덕을 아주 명료하게 규정하고 있습니다. 그것은 팔정도八正道[4]입니다. 부처님은 최초의 법문인 〈초전법륜경〉[5]에서

---

4   법륜·열여덟 《팔정도》 비구 보디Bhikkhu Bodhi 지음, 전병재 옮김, 〈고요한소리〉 참조. 활성 스님, 소리·셋 《불교의 시작과 끝, 사성제-사성제의 짜임새》, 〈고요한소리〉 참조.

5   《상응부》 56:11 〈초전법륜경Dhammacakkapavattana sutta〉.

중도中道, 팔정도, 사성제四聖諦를 선언하셨습니다. 사성제, 즉 고성제苦聖諦, 집성제集聖諦, 멸성제滅聖諦, 도성제道聖諦 가운데 도성제가 팔정도입니다. 진리를 추구하면서도 길을 잘못 들어 헤매는 중생들에게 부처님은 '팔정도로 수행하는 것이 바른 길이다.'라고 분명하게 말씀하셨습니다. 부처님 첫 법문부터 마지막 법문까지 시종일관 끊임없이 강조하시고 역설하신 것이 팔정도입니다. 그만큼 불교의 핵심은 팔정도입니다. 부처님은 빠알리Pāli 경 전반에 걸쳐 팔정도를 거듭거듭 설하시고, 이런 말씀까지 하십니다.

외도外道에는 팔정도가 없다. 그런데 이 문門에는 팔정도가 있다. 외도에는 팔정도가 없기 때문에 진정한 예류과豫流果도 없고 일래과一來果도 없고 불환과不還果도 없고 아라한과阿羅漢果도 없다. 즉 공부의 성취가

없다. 그러나 여기에는 팔정도가 있기 때문에 그 모두
가 있다.[6]

불교인가 외도인가는 팔정도가 있느냐 없느냐 그 차
이에 달렸습니다. 팔정도가 있으면 불교이고 정법正法
입니다. 팔정도가 없으면 외도입니다. 팔정도가 없으면
그건 정법이라고 할 수가 없습니다. 아무리 표방하는
취지가 좋아도 팔정도 없이는 정법이 될 수가 없습니
다. 불교의 특색은 팔정도입니다. 왜일까요? 팔정도 수

---

6 "수밧다여, 이 가르침과 율에는 성팔지도聖八支道가 있다. 수밧다
여, 그러므로 오직 여기에만 사문[예류과]이 있다. 여기에만 두 번
째 사문[일래과]이 있다. 여기에만 세 번째 사문[불환과]이 있다. 여
기에만 네 번째 사문[아라한과]이 있다. 다른 가르침[外道]에는 사문
들이 없다. 수밧다여, 이 비구들이 바르게 머문다면 아라한들이 있
을 것이다. *Imasmiṁ kho subhadda dhammavinaye ariyo aṭṭhaṅgiko maggo
upalabbhati. Idheva subhadda samaṇo, idha dutiyo samaṇo, idha tatiyo samaṇo,
idha catuttho samaṇo. Suññā parappavādā samaṇehi aññe. Ime ca subhadda
bhikkhū sammā vihareyyuṁ asuñño loko arahantehi assa.*" 《장부》〈대반열
반경*Mahāparinibbāna-suttaṁ*〉, PTS, II권 151쪽

행을 통해서만 아라한이 나올 수 있고 팔정도가 없는 외도에는 아라한이 나올 수 없기 때문입니다. 팔정도는 아라한이 되는 여덟 가지 성스러운 길입니다. 바른 견해인 정견正見이 있어야 바른 사유[正思]가 되고 바른 말[正語], 바른 행위[正業], 바른 생계[正命]로 이어집니다. 그리고 바른 노력[正精進], 바른 마음챙김[正念]을 통해 바른 집중[正定]을 이루면 아라한의 경지에 이르게 됩니다.

아라한은 어떤 사람인가? 간단명료하게 말하면 아라한은 불교가 근본 이상으로 삼는 무탐無貪, 무진無瞋, 무치無癡를 이룬 분입니다. 탐욕이 없어진 사람, 성내는 마음[瞋心]이 없어진 사람, 어리석음[癡闇]이 없어진 사람입니다. 부처님도 아라한이신데 같은 아라한이라도 부처님과 아라한은 차이가 있습니다. 우리가

'성불成佛합시다.' 할 때의 성불이란 부처가 된다는 말인데, 부처는 해탈·열반을 이루고 중생을 위하여 법을 세우신 분입니다. 이 겁劫에서 부처는 석가모니 부처님 한 분뿐입니다. 반면 아라한은 부처님 법에 따라 해탈·열반에 이른 분입니다. 부처님과 아라한의 차이는 법을 세우셨는가, 아닌가로 구분됩니다.

무탐, 무진, 무치를 부처님이 경에서 말씀하신 바에 비추어 생각해 봅시다. 아라한이 탐·진·치貪瞋癡가 없어진 사람이라 할 때 여기서 '없어졌다.'는 말이 중요합니다. 그냥 일시적으로 눌러서 탐·진·치의 지배에서 잠시 벗어나 있는 건 무탐, 무진, 무치가 아닙니다. 우리가 정定에 들게 되면 대단히 높은 정신세계를 경험할 수 있습니다. 그때는 탐욕, 진심, 치암이 나타나지 않습니다. 그렇다고 무탐, 무진, 무치인가? 그렇지 않겠지

요. 정에서 깨어나면 탐·진·치가 도로 살아납니다. 탐·
진·치가 해결된 것이 아니고 잠시 엎드려 숨어있을 뿐
입니다. 그런 상태는 탐·진·치가 완전히 없어진 것이 아
니므로 불교가 추구하는 목적이 될 수 없습니다. 불교
는 탐·진·치를 뿌리째 없애는 것, 다시는 소생할 수 없
게끔 뽑아내는 것, 발본색원拔本塞源하는 것을 목적으
로 합니다. 탐·진·치를 뿌리째 뽑아낸 상태를 아라한
의 경지라 하고, 아라한이 되는 것이 불교 수행의 궁극
목적입니다.

　　결론적으로 탐·진·치를 완전히 없애는 것, 즉 아라
한이 되는 것, 그것이 바로 인간의 완성입니다. 또한 팔
정도의 완성이요, 도덕의 완성입니다. 팔정도는 진리로
서의 길이고, 실천도로서의 길입니다. 팔정도의 실천이
도덕의 실천입니다. 불교가 팔정도를 통해 인간 완성을
목적으로 한다는 점에서 도덕은 처음부터 끝까지 불

교의 중심이요, 핵심 주제라고 할 수 있습니다. 사람다운 사람의 길은 팔정도를 따라 도덕을 실천하는 길이요, 진리를 실천하는 길입니다.

## 2. 가치 혼란과 도덕 상실

　이 시대에 우리가 겪고 있는 갈등과 고통은 앞서 말한 바와 같이 가치의 혼란과 도덕의 상실에서 비롯되고 있습니다. 우리는 기후가 어쩌니 공해가 저쩌니 하면서 난리법석을 떨지만, 또 한편에선 경기를 살려야 한다며 소비지상주의를 외치고 다다익선多多益善을 추종하고 있으니 이 얼마나 역설입니까? 대량생산, 대량소비는 그만큼 재화를 많이 생산하고 소비한다는 이야기인데 그 재화가 그저 생기는 겁니까? 그렇게 하면 할수록 피할 수 없이 따르는 건 자연파괴, 자원 낭비 아닙니까?

요즈음 하늘이 그냥 하늘이 아닙니다. 이제는 하늘도 믿을 수 없게 되었습니다. 하늘이 그야말로 무너질 판이지요. 오존층 구멍이 뚫리고, 이산화탄소나 오염 물질이 너무 많아 대기의 불균형이 생기고, 국지성 호우도 여기저기 퍼붓고 하는 게 다 하늘이 무너지는 조짐이지 뭡니까? 하늘이 언제 무너지느냐로 전전긍긍하는 이런 현상은 인류 역사상 처음 있는 일입니다.

　이런 상황을 만들어 놓고도 '돈 돈, 경제 경제' 하는 이야기를 계속하고 있습니다. 대통령 후보 나온 사람들도 '경제가 잘 돌아가고, 모두 풍족한 생활을 하도록 만들겠다.'고 공약을 내걸지요. 그렇지 않으면 국민이 용납을 안 하니까요. 사람들이 얼마나 그걸 바라면 그런 약속들을 하고 있느냐 말입니다. 우리가 물질적 풍요만을 노래하면, 그다음은 어떻게 됩니까? 지구가 끝

장나도 그만이라는 말입니까? 오늘만 잘 살면 그만입니까? 이런 무책임한 태도는 뒤바뀐 사고 성향과 뒤엉킨 가치관 때문입니다.

게다가 이러한 뒤집힌 가치관을 가정에서도 학교에서도 사회에서도 자라나는 후손들에게 그대로 물려주고 있는 현실이 문제입니다. 이런 행태는 윤리 도덕과 반대로 가는 것입니다. 총체적 난국입니다. 가치 혼란을 겪고 있는 부모가 자식 키우면서도 자신 있게 '이래라, 저래라.' 말 못합니다. 왜? 자식들이 경험하는 상황과 부모가 머릿속에 그리는 상황이 현격하게 괴리되어 있는 현실에서 가치관이 흔들리다 보니 자신 있게 판단을 못 한다는 말입니다. 그래서 부모 된 입장에서도 바른 길을 가르치기는커녕 자식 눈치 살피고 비위 맞추기에 바쁘지요.

어떤 이가 말하길 요새 부모들은 자식을 훌륭한 사람이 되라고 하면서 정작 값비싸게 팔릴 사람이 되라고 가르친다는 겁니다. '값비싸게 팔릴 수 있는 사람이 되라, 많은 돈과 교환될 수 있는 사람이 되라, 수입 좋은 직장을 갖도록 하라.' 그렇게 되는 게 훌륭한 사람입니까? 여러분, 자식에게 '인격적으로 훌륭한 사람'이 되라고 소신 있게 말할 수 있습니까? 돈, 돈, 돈 하는 배금사상이 온통 가정과 사회에 팽배한 이 시대에 과연 도덕이 들어설 자리가 있기나 한 겁니까? 이렇듯 이 시대가 겪는 온갖 갈등과 고통의 소용돌이, 그 중심에 가치 혼란과 도덕 상실이라는 심각한 문제가 자리하고 있는 것입니다.

# 3. 경제와 가치

이처럼 우리는 가치의 대혼란 시대를 살고 있습니다. 이런 가치의 혼란은 어디서 비롯되었을까요? 이 문제는 다양한 접근이 가능하겠으나 이 자리에서는 경제를 중심으로 해석해 보는 것이 어떨까 합니다.

경제란 사바세계의 요란하고 혼란스러운 활력 그 자체입니다. 경제가 활발하다는 것은 인간들이 대단히 분주하고 맹렬하게 움직인다는 말입니다. 인간들이 물질을 좇아 나부대는 움직임, 그게 바로 경제입니다. 인간들이 나부댈 때는 어떤 목적이 있는데 그 목적이 시대에 따라 변합니다. 요새 '산업경제에서 금융경제로 변화한다.'라는 말을 하지 않습니까?

　　건설하고 생산하는 데 집중하는 것이 산업경제이지
요. 산업경제 초기에는 생산에 모든 가치가 집중됩니
다. 생산이 가장 큰 승리요 이득입니다. 서구에서 산업
시대가 시작될 때 칼뱅[7]이 "노동은 신神의 소명이다."
라고 했습니다. 이 말 자체가 바로 생산의 이데올로기
입니다. 이러한 이데올로기를 깔면서 생산경제의 총동
원령이 내려졌습니다.

---

**7** 장 칼뱅Jean Calvin(1509~1564): 종교 개혁을 이끈 프랑스 출신의
　　개혁 교회 신학자, 종교 개혁가. 그는 칼뱅주의를 개창함으로써 마
　　르틴 루터, 울리히 츠빙글리가 시작한 종교 개혁을 완성시킴. 칼뱅
　　은 신자들이 그리스도 안에서 하느님께 감사를 표하고 이웃에게
　　봉사할 수 있는 수단이 일이라고 생각하고, 모든 사람은 일을 해야
　　하며, 빈둥거리고 구걸하는 것은 지양해야 한다고 함. 칼뱅주의는
　　후에 자본주의의 발흥에 관한 막스 베버 이론의 출발점이 됨. 위키
　　피디아 백과사전. 참조.

어떤 면에서는 시장 총동원령이 군사동원령보다 더 극성스럽고 대단합니다. 밤잠을 예사로 안 자면서 열 성을 쏟는 에너지가 놀랍습니다. 군사동원령이 강하 다 해도 시장동원령만 하겠습니까? 과거에 '생산 전선' 이란 말을 예사로 쓰지 않았습니까? 시장경제가 모든 사람을 총동원하여 너나없이 생산 전선에 뛰어들게 했습니다. 그러다가 생산 기술이나 인력 동원 태세가 상당히 진척되어서 한계점에 이르면 생산에 주력하던 역점이 분배로 이동합니다. 분배가 경제의 중심이 되 면 가치관도 그에 따라 변화됩니다.

생산은 효율성이 제일 중요하지요? 산업경제는 효 율성을 가장 높은 가치로 생각하니까 효율을 극대화 하는 것이 지고의 선善이 됩니다. 그런데 생산량이 늘 어날수록 이윤이 한 쪽에 치우쳐 쌓이거든요. 가진 사람은 지나치게 많이 갖고 못 가진 사람들은 점점 가난하게 되어 부익부富益富, 빈익빈貧益貧 현상이 심화됩니다. 이런 현상을 더 이상 방치할 수 없는 단계에 이르면 분배 문제가 대두될 수밖에 없지요. 분배경제 시대가 되면 효율성보다는 평등성이 중시되어 소위 사회적 정의 실현이 가장 중요한 주제가 됩니다.

분배경제에서는 재화가 어느 한 군데 쌓이지 않고 두루두루 나누어지고, 또 그 흐름이 막히지 않고 순조롭게 흐르도록 하는 일이 중요해집니다. 그런데 분배의 수단, 즉 교환 수단이 돈이다 보니까 금융시장의 기능이 가장 중심이 된다는 이야기가 되겠지요. 산업경제로부터 금융경제로 이동한 것입니다. 분배경제에서는 돈을 '모시는' 태도, 말하자면 황금만능의 가치가 팽배해집니다. 물심物心 정도가 아니라 금심金心이 사람들 사이에 퍼집니다.

　돈은 무법자입니다. 이 시대 사람들의 마음을 뒤흔
드는 무법자입니다. 우리는 이 무법자의 횡포로부터
해방은커녕, 스스로가 그 지배체계에 더욱더 기어들
어 가고 있는 형국이지요. 돈과 에너지를 써 가며 자
꾸 노예가 됩니다. 언제 어디서도 돈의 통제를 못 벗어
납니다. 이처럼 분배경제에서는 금융이 주를 이루면
서, 돈에 대한 물신적 선망과 무조건적인 충성이 사람
들의 가치관을 지배하게 되었습니다. 금융자본주의 시
대에 들면서 꼼짝없이 교환가치, 즉 돈 중심의 가치관
이 뿌리내려 버리게 된 것입니다. 이제 모두가 황금만
능주의라는 종교의 맹신자들이 되어 버린 것이 현실입
니다.

그런데 사람들은 돈을 그토록 막무가내로 떠받들면서도 한편 '돈이면 다냐?'고 개탄하기도 합니다. 물질 중심의 가치관에 대해 불신하거나 꺼려하는 마음이 우리에게 없지 않은 것도 사실입니다. 황금만능주의에 휩쓸리면서도 물질 중심의 가치를 못마땅해 하는 것은 근본적으로 정신적 가치를 중시하는 성향이 그나마 우리 심중에 남아있기 때문 아니겠습니까.

현재 지구촌은 산업경제의 가치관과 분배경제의 가치관이 혼재된 속에 돌아가고 있습니다. 앞서 보았듯이 산업경제의 주된 원리는 효율성인데, 효율의 극대화는 다다익선을 부추겨 결국 인간의 욕망을 극대화시키는 방향으로 가치를 조작하고 조직합니다. 경제학자들이 이 점에 대해 아무리 그럴듯한 말을 해도 그건 본질을 가리는 미사여구에 불과하다고 봅니다.

'많이 생산해라, 뭐든지 만들어라, 최상으로 만들어라, 그런 사람이 선善을 행하는 사람이다, 많이 만들고 많이 써라.'라고 합니다. 케인즈[8] 식으로 말하면, 유효수요를 극대화시키면 시장경제가 잘 돌아가고 그것이 불황을 면하는 길이라는 겁니다. 그건 불교용어로 보자면 탐·진·치 중 탐심貪心을 극대화시키는 것입니다.

그러면 분배경제의 가치관은 뭘까요? 분배경제에서는 사회 정의를 강조하니까 평등이 잘 이루어지지 않으면 '그건 사회 정의에 어긋난다.'는 식으로 비판을 받

----

8  케인즈John Maynard Keynes(1883~1946): 케인즈의 이론은 거시경제적 흐름이 각 개인들의 미시적 행동을 압도할 수 있다고 함. 케인즈는 특히 불황기에 경제를 이끌어가는 요소로서 상품에 대한 총수요를 강조. 불황기에 정부가 지출을 늘리면 보다 많은 돈이 유동되므로 시민들의 소비와 투자가 유도되어 경제가 정상 상태를 회복한다고 주장함. 위키백과.

게 됩니다. 그래서 분배경제 시대에는 인간의 증오심이 극대화될 가능성이 큽니다. 금융경제가 진행되어 부익부 빈익빈 현상이 심화되면 결국 인간의 증오심이 커지는 것을 피할 수 없습니다. 불교용어로 보자면, 탐·진·치 중 진심瞋心이 지배하는 시대가 됩니다. 생산경제와 분배경제가 인간을 지배하면서 탐심과 진심이 극도로 커진 시대를 우리는 살고 있는 것입니다. 이 시대 가치 혼란의 일차적 배경은 여기에 있다고 할 수 있습니다.

그리고 소비경제를 봅시다. 소비를 할 때 '내가 이 물건을 써서 어떤 이익이 있느냐, 내 몸에 어떤 이익이 있고 내 정신에 어떤 이익이 있어서 내가 이걸 써야 하느냐?' 하는 판단이 중요합니다. 그럼에도 합리적 판단도 제대로 하지 못하고 합리적 소비도 제대로 하지 못하는 것이 현실입니다. 합리적이고 객관적인 판단을 못하는 것은 불교 용어로 보면 탐·진·치 중 치암癡闇 때문입니다.

　여기서 중요한 것은 소비가 합리적이냐 아니냐를 판단하는 기준입니다. 무얼 기준으로 합리, 비합리를 따질 것인가, 무얼 기준으로 몸이나 마음에 이롭다는 걸 판단할 것이냐 하는 문제입니다. 게다가 요즈음은 정보가 넘쳐나는 시대라서 사람들은 무엇을 기준으로 선택할지 더욱 혼란스러울 수밖에 없습니다. 넘쳐흐르는 정보가 알고 보면 전부 빤한 상업적 잇속에서 나온 것 아닙니까. 게다가 사람들이 합리적이라고 믿는 과학 기술마저 상업 자본에 예속되어 버린 현실에서 어떤 소비를 할지 더욱 혼란스러울 수밖에 없습니다.

이처럼 경제 구조의 변화를 거치면서 우리는 가치 혼란을 날로 더 심각하게 겪고 있는 상황입니다. 그러므로 우리 삶에서 매사에 합리적인 판단을 할 수 있는 보편적이고 객관적인 기준이 절실히 필요합니다. 그런 점에서 바야흐로 시공을 초월한 불교의 도덕이 요청되는 시대적 조건이 형성되었다고 하겠습니다. 불교의 도덕은 사람들이 바르게 삶을 영위할 수 있는 길을 제시해 줍니다. 부처님 가르침의 핵심인 팔정도가 그 길입니다. 물질과 돈의 노예가 되어 경제에 휘둘리는 우리로 하여금 탐·진·치를 다스리고, 마음속에 자리 잡은 정신적 가치를 실현하도록 이끌어 주는 길, 그 길이 팔정도八正道입니다.

# 4. 인간 완성의 길

부처님이 설하신 〈세기경世紀經 *Aggañña Sutta*〉[9]에는 인류의 탄생에 관한 얘기가 있고, 또 다른 경에서는 인류의 멸망과 관련한 얘기[10]가 있습니다.

---

9 《장부》 27경 〈세기경*Aggañña sutta*〉.

10 인류의 영원한 멸망은 불교에서는 성립되지 않은 용어이다. 불교의 성주괴공成住壞空 개념에 입각해 보면 영원한 괴는 있을 수 없기 때문이다. 다만 제행무상의 진리에 입각해 무상의 표출로서 괴는 조건에 따라 수시로 장·단기적으로 벌어진다. 이 조건 중 중요한 요소로 인류가 십불선업十不善業을 빠짐없이 갖춰 행하는 일이 항상 거론된다.

　＊ 십불선업十不善業은 살생·투도·사음·망어·양설·기어·악구·탐욕· 진에·사견을 짓는 업

"비구들이여, 이 인간 자손들의 수명이 열 살이 되는 때가 있을 것이다.…. 수명이 열 살이 되는 때는 열 가지 선업도善業道가 사라지게 되고, 열 가지 불선업도不善業道가 매우 성하게 될 것이다.

수명이 열 살이 될 때에는 선 자체가 없을 것인데 어떻게 선행을 하는 자가 있겠는가. *Bhavissati bhikkhave, so samayo yaṃ imesaṃ manūssānaṃ dasavassāyukā puttā bhavissanti..... Dasavassāyukesu bhikkhave manussesu dasa kusalakammapathā sabbena sabbaṃ antaradhāyissanti dasa akusalakammapathā ativiya dippissanti. Dasavassāyukesu bhikkhave manussesu kusalan ti pi na bhavissati kuto pana kusalassa kārako.*"

《장부》〈전륜성왕 사자후 경*Cakkavatti-sīhanāda suttaṃ*〉, PTS, III권 71쪽.

"世間凡有三種中劫, 刀杖中劫, 飢饉中劫, 疾疫中劫, 彼等人輩無有正行, 不如法說, 邪見顚倒, 具足皆行十不善業. 세간에는 무릇 세 가지 중겁中劫이 있다. 도장중겁, 기근중겁, 질역중겁이다. 도장중겁이라는 것은 그때의 사람들이 법다운 행이 없고 법다운 말을 하지 않으며, 삿된 견해로 전도되어 모두 열 가지 착하지 않은 업을 행한다."各各競捉 共相屠害, 一切相殺, 命終並墮諸惡趣中, 受地獄, 何以苦, 以其相向各生殺心, 濁心惡心, 無利益心, 無慈悲心, 無淨心故 飢饉劫時 其諸人輩無有正法 邪見顚倒 具足行十不善業道 以是義故天不降雨 以無雨故 世則飢饉, 無有種子, 白骨爲糞, 諸皮活命 각각 다투어 붙잡아 서로 죽이고 모두가 죽게 되는데, 목숨을 마치면 모든 나쁜 길[惡趣] 가운데 떨어져서 지옥의 고통을 받는다. 왜냐하면 서로가 보고는 저마다 죽이려는 마음, 흐린 마음, 이익이 없는 마음, 자비함이 없는 마음, 깨끗함이 없는 마음을 내었기 때문이다. 기근겁 때에는 모든 사람들은 법다운 행이 없고 삿된 소견에 전도되어 열 가지 착하지 않은 업의 길을 행한다. 이런 이치 때문에 하늘은 비를 내리지 않으며, 비가 없기 때문에 세간은 기근이 들어 종자도 없게 되어 흰 뼈로 업을 삼고 모든 껍질로 목숨을 부지한다."《장아함경長阿含經》〈기세인본경起世因本經〉 수나라 천축사문 달마급다 한역, 김영률 번역, 卷第九 劫住品 第十, 통합대장경, 불교기록문화유산 아카이브. kabc.dongguk.edu/

인간들의 욕망이 점점 커지고 성냄이 심해져 마침 내 온 세계가 증오의 불구덩이로 변한다고 합니다. 요 는 인류가 윤리 도덕적으로 극심하게 타락하게 되면 마침내 이 세상이 멸망하게 된다고 합니다. 증오와 탐 욕이 극도에 이르면 남는 건 갈등뿐 아니겠습니까. 왜? 내 뜻대로 안 되는 것은 상대가 내 뜻을 거스르고 방 해하기 때문이라고 생각하니까요. 서로 경쟁하면서, '내 욕망의 방해꾼이 저놈이다, 저놈이 나를 방해한 다, 저놈을 제거해야겠다.' 하니까 격렬한 투쟁이 벌어 지는 겁니다.

우리가 날마다 목격하듯이 오늘날은 증오의 시대, 투쟁의 시대가 되어 버렸습니다. 그야말로 탐·진·치 중 에서도 진심瞋心이 극성하는 시대로 접어들었습니다. 경쟁과 갈등을 일삼고 핵무기를 만들고 또 온갖 공해를 쏟아내는 등 온통 머리를 나쁜 방향으로 쓰고 있습니다. 그런데 핵무기나 공해는 윤리 도덕이 무너지면서 생기는 부산물에 불과합니다. 세상사 모든 것은 인간의 윤리 도덕 수준에 따라오는 그림자 같은 것입니다. 인간이 윤리적으로 타락하다 보면 머리 쓰는 게 전부 그쪽으로만 가니까, 핵무기도 만들고 생태계도 파괴하여 자멸의 길로 가는 것입니다. 그러니까 오늘날 윤리 도덕의 문제, 가치 혼란의 문제는 결국 인간의 생존과 멸망의 문제로 곧바로 이어지는 겁니다. 요컨대 인류 멸망의 모티브가 되는 것은 윤리 도덕의 붕괴입니다. 인간이 자멸하지 않으려면 이러한 가치 혼란에서 반드시 헤어나야 합니다. 그리고 헤어나는 길이 있어야만 합니다. 윤리 도덕을 바로 세우는 길입니다.

경쟁과 갈등을 유발하고 우리를 극심한 스트레스

로 내모는 그 모든 것을 능히 지배하고 제어할 수 있다면 무엇이 두렵겠습니까? 무엇 때문에 혼란을 느끼고 방황하겠습니까? 윤리 도덕을 바로 세우기만 한다면 시대가 아무리 변해도 염려할 필요가 있겠습니까? 내가 시대적 상황에 매몰되지 않고 오히려 이를 능히 지배할 수 있다면 무슨 걱정할 일이 있겠습니까? 상황에 압도당하니까 문제인 것입니다.

앞서 말한 바와 같이 이러한 시대적 혼란에 돌파구를 마련하면서 시공을 초월할 가치 기준은 부처님이 제시하신 팔정도입니다. 팔정도는 계·정·혜戒定慧, 삼학三學을 아우르고 있으니 윤리·도덕을 모두 포용할 뿐 아니라 이 둘을 바로 세워 줍니다. 따라서 아무리 시대 상황이 바뀌고 바깥세상이 변해도 당황하거나 흔들릴 필요가 조금도 없는 튼튼한 의지처입니다. 《법구경法句

經 *Dhammapada*》에 "칠불통계七佛通戒"[11]라는 유명한 게송이 나옵니다.

| | |
|---|---|
| 일체의 악을 짓지 말고 | 諸惡莫作 |
| 모든 선을 받들어 행하고 | 衆善奉行 |
| 스스로 그 마음을 맑게 하라 | 自淨其意 |
| 이것이 모든 부처님들이 한결같이 | 是諸佛法 |
| 말씀하시는 핵심 가르침이다. | |

　이 중에 '일체의 악을 짓지 말고, 모든 선을 받들어 행하고, 스스로 그 마음을 맑게 하라.'는 앞의 세 구절이 바로 팔정도의 요약입니다. 팔정도를 견지하는 한,

---

11  *sabbapāpassa akaraṇaṃ*　　　　*kusalassa upasampadā*
　　*sacittapariyodapanaṃ*　　　　*etaṃ Buddhānaṃ sāsanaṃ*
　　《법구경法句經 *Dhammapada*》 제183 게송

초과학 시대든 초우주 시대든 그 어떤 것도 수렴하고 조복 받을 수 있고 나아가 어떤 환경도 지배할 수 있습니다. 팔정도를 걸을 때 우리는 도덕적으로 조금도 혼란을 느낄 필요가 없습니다. 다시 말해 우리가 윤리 도덕을 바로 세우고 가치 혼란에서 벗어나고자 할 때, 이때 팔정도가 답입니다. 팔정도는 바른 견해[正見], 바른 사유[正思], 바른 말[正語], 바른 행위[正業], 바른 생계[正命], 바른 노력[正精進], 바른 마음챙김[正念], 바른 집중[正定]입니다.

부처님은 팔정도를 설하시면서 첫머리에 '바른 견해, 정견'을 두시고 바른 견해를 가지라고 꼭 집어 강조셨습니다.[12] 바른 견해를 세우는 자세가 얼마나 중요한

---

12 활성 스님, 소리·열아홉 《바른 견해란 무엇인가》, 〈고요한소리〉 참조.

지 강조하신 겁니다. 이처럼 불교는 바른 견해에서 시작합니다. 바른 견해 없는 수행은 잘못된 길을 대단히 빠른 속도로 달려가는 것과 같습니다. 잘못된 길을 빨리 달려가 나중에 되돌아오려면 시간도 힘도 더 많이 듭니다. 어쩌면 쉽사리 돌아오지 못할 선을 넘을 수도 있습니다. '얼마나 빨리 가느냐.'가 중요한 게 아니고, 설혹 좀 지체되고 멈칫거리더라도 '과연 내가 이 길을 가는 것이 옳은가?'에 대한 점검이 반드시 필요합니다. 온갖 정보가 넘쳐나는 이 시대가 특히 그런 자세를 요구하고 있습니다.

예를 들면 산업화가 빨리 진행되어 그 효과와 역효과가 우리 피부에 바로 다가옵니다. 그때 '우리가 과연 노력을 많이 했는데 이게 잘된 방향으로의 질주였던가?' 하고 돌아보게 됩니다. 그러나 제대로 돌아보는 것이 쉽지 않습니다. 여러분은 어느덧 현실 긍정에 안주하고, 어떻게든지 타협하고 적당히 인정하고 넘어가고 있지는 않습니까? 게다가 세월이 가면 갈수록 우리 자신을 냉철하게 돌아보기가 더 어렵지 않겠습니까?

바른 견해가 중요한 것은 수행 분상에서도 마찬가지입니다. '몇십 년을 수행했다.'가 중요한 게 아니라고 봅니다. 잘못된 수행은 오히려 안 한 것보다 못할 수 있다는 말입니다. 그것이 부처님이 바른 견해를 팔정도 제일 첫머리에 놓으신 이유일 겁니다. 수행을 하려면 성급한 걸음을 멈추고 허리끈을 풀고 한 걸음 척 물러앉아서, '정말 이 길을 가야 할 것인가? 어떻게 가야 할 것인가? 어떻게 판단해야 할 것인가? 부처님이 무슨 말씀을 하셨는가? 부처님 말씀을 내가 올바르게 이해하고 있는가? 부처님 말씀과 내가 생각하는 것이 정말 합치하는가?'를 거듭거듭 점검해야 합니다.

그런데 문제는 자칫 견해가 이데올로기화되어 버린다는 것입니다. 견해가 이데올로기화하면 극단이 됩니다. 극단주의와 극단주의가 대립하면 얼마나 무서운 일이겠습니까. 견해뿐 아니라 사유, 말, 행위 등도 극단으로 흐를 가능성이 있습니다. 가령 계율을 엄격하게 지키는 사람들이 있는데, 나중에 보면 계율을 위한 계율을 지키는 경우가 많습니다. '그 사람 율사律師다.' 하는데, 때로는 율을 위한 율사가 아닌지 회의가 들 때도 있지요. 만일 율을 위한 율이 된다면 극단적·형식적 율이라 해야겠지요. 이 점은 강사나 선사에도 두루 해당됩니다. 교敎·정定 모두가 수행 분상에선 어디까지나 향상을 위한 것이어야 합니다. 팔정도를 수행할 때 어느 항목이든 지나치지 않도록 해야 합니다. 그럴 위험

성이 항상 있기에 부처님은 중도中道를 말씀하십니다.

극단으로 치우치지 않도록 하기 위하여 부처님이 팔정도 각 항목 앞에 바를 정正 자를 붙이셨습니다. 부처님이 〈초전법륜경〉에서 말씀하셨듯이, 바른 견해는 빠알리어*Pāli*로 삼마 딧티*sammā diṭṭhi*인데, 삼마*sammā*는 '바르다'는 뜻입니다. '바르다' 함은 중도中道를 말하는 겁니다. 여기서 '바를 정正' 자는 중도를 가리킵니다. 중도가 아닌 것은 바르다고 할 수 없습니다. 바르다는 말은 팔정도 항목 하나하나가 치우치지 않고 중도를 잘 견지하고 있으며 잘 조화되고 있다는 뜻을 담고 있는 것입니다. 그래서 팔정도가 중도이고 중도가 팔정도입니다.

그러면 어떻게 중도를 유지하느냐? 중도를 유지하

려는 구체적 길이 팔정도를 걷는 것입니다. 중도의 묘미는 팔정도 여덟 항목을 유기적으로 조화롭게 실천하는 데 있습니다. 그런데 그중에서도 특히 바른 마음챙김[正念], 삼마 사띠*sammā sati*는 여덟 가지의 덕성이 바르게 조화되도록 만드는 중요한 축입니다. 견해가 견해를 위한 견해가 아니고, 계율이 계율을 위한 계율이 아니고, 선정이 정을 위한 정이 아니 되도록 하는 것은 무엇보다 바른 마음챙김입니다. 다시 말해 팔정도를 수행하는 사람 누구나 바르게 중도의 길을 가도록 이끄는 항목, 그것이 바른 마음챙김입니다.

그러나 이 바른 마음챙김마저도 너무 기법적으로 사용하는 경우가 많습니다. 요새 위빳사나*vipassanā*를 지나칠 정도로 강조하고 있는데 그렇게 되면 바른 마음챙김의 근본 취지가 상당히 몰각沒却될 수 있습니다.

원래 부처님이 정념·정지正念正知 *satisampajañña*를 가르치셨는데 뒤에 이것이 사마타·위빳사나로 변했는데 사마타*samatha*가 정념*sati*의 내용을 고스란히 담고 있다고 볼 수 없습니다. 그렇듯이 그 간에 많은 변천이 있다고 보아야겠지요. 바른 마음챙김, 정념은 팔정도 하나의 항목으로서 일곱 번째 자리하면서 다른 항목 하나하나를 다 바를 정正이 되도록 만들어주는 것으로 이해해야 합니다.

우리가 팔정도를 수행하는 가장 궁극적인 목적은 결국 인간 향상이요, 인간 완성입니다. 무탐無貪·무진無瞋·무치無癡의 경지에 이른 아라한이 되는 것입니다. 아라한이 되도록 기여하면서 이끌어가는 것이 바른 마음챙김입니다. 요컨대 바른 견해와 바른 마음챙김이 그 기능을 제대로 발휘할 때 우리는 팔정도를 바르게 걸을 수 있습니다. 탐·진·치로 인한 극심한 가치 혼란을 극복하고 인간 완성으로 가는 길은 팔정도 말고 달리 있을 수 없습니다.

　윤리와 도덕이라고 하면 보통 선善과 악惡을 떠올립니다. 그러나 불교에서는 선과 악이라는 용어보다 선과 불선不善이라는 용어를 많이 씁니다. 흔히 악, 악당, 악마 같은 말을 예사로 쓰지만 세상은 선과 악으로 확연하게 양분되는 게 아닙니다. 선한 사람 따로 있고 악한 사람 따로 있는 게 아니라, 선한 상태가 있고 미처 선하지 못한 상태가 있는 겁니다. 같은 사람도 선할 때가 있고 선하지 못할 때가 있지요. 어떤 순간에는 마음이 매우 착해져 개미 한 마리도 밟지 않는데, 화가 난 상태에서는 자칫 불선해지기 쉽습니다. 누구든 선과 불선의 상태가 순간순간 교차하고 있는 겁니다. 그게 인간이고 세상사입니다.

　교도소를 자기 집 드나들 듯 하는 사람이 있지요. 그 사람 역시 나쁜 사람이라기보다 그저 불선한 상태인 겁니다. 말하자면 선을 제대로 완성하지 못 했거나 선이 미흡한 상태인 겁니다. 그러니까 교도란 용어가 쓰일 여지가 생기는 거지요. 가르쳐 이끈다는 뜻이니까요. '선악이 따로 있다, 나는 본래 선하니까 어떤 상황에서도 악인은 되지 않는다.'는 식으로 생각하면 안 됩니다. 누구나 선할 수도 있고 불선할 수도 있습니다. 선을 지향하는 노력을 계속하고 있는 동안에는 선한 상태를 유지할 것이고, 마침내 선을 완성하면 선인善人이 될 것입니다. 반면 방심하고 있으면 누구나 불선해질 수 있습니다. 교도소 드나드는 사람도 처음부터 종자가 그런 게 아닙니다. 그 사람이 선을 이룰 기회를

활용하지 못했을 뿐이지요. 누구든 향상을 향한 노력을 등한히 하면 불선한 상태가 되기 마련입니다.

그런데 정작 불교에서 선과 불선으로 이해하는 이유가 따로 또 있지요. 불교 특유의 인간관 때문입니다. 인간은 개개인 모두가 무한한 향상의 가능성을 안고 있는 존재이기 때문입니다. 탐·진·치 삼독심三毒心에 빠져있을지라도 인간은 누구나 불선한 상태에서 선한 상태로 나아가는 도정에 있는 존재라는 말입니다. 인간은 불선을 극복하면서 마침내 선의 완성을 이루는 길 위에 있다는 겁니다. 그 길은 윤리와 도덕이 지향하는 바요, 인간됨의 완성을 향한 길입니다.

여러분, 앞서 말했듯이 팔정도를 통해 중도를 이루도록 노력하십시오. 그리하여 가치 혼란을 극복하고 자기 향상을 완성하는 길을 흔들림 없이 유지하며 정진해 나아가십시오. 그러면 물결에 나부끼는 일엽편주처럼 시대에 농락당하는 한낱 피동적 운명체가 되지는 않을 것입니다. 뿐만 아니라 이 시대를 살면서 이 시대를 통해 자기완성을 이루어낼 수 있을 겁니다. 가치 혼란과 도덕 상실이 극심한 시대적 환경을 발판으로 삼아 공부한다면 오히려 시대의 덕을 충분히 보는 그러한 삶을 이룰 수 있을 것입니다.

거듭 말하거니와 부처님은 팔정도를 통해 인간 완성의 길을 가도록 체계적인 가르침을 설하셨습니다. 팔정도를 뺀 불교는 생각할 수 없습니다. 여러분, '시대를 초월한 도덕, 팔정도'를 수행함으로써 부디 자기완성의 길로 나아갑시다. ✸

# 코로나 사태를 어떻게 볼 것인가

말한이 활 성

**일러두기**

* '2020년 5월 17일, 역경원 울력에 동참한 회원 분들에게 차담 시간에
  해 주신 소참법문입니다.

# 코로나 사태를 어떻게 볼 것인가

코로나19, 왜 왔을까? 뭐가 올 때는 다 원인이 있을 건데, 원인 없이 오는 건 없잖습니까. 이것도 하나의 현상이니까, 그 원인이 반드시 있을 테지요.

요사이 내가 《운명의 날》(니콜라스 시라디)이라는 책을 보았습니다. 1755년 11월 1일 포르투갈 수도 리스본에서 대지진이 일어났지요. 리스본 대지진이라고 역사에 나오는 아주 유명한 사건입니다. 그게 하필이면 1755년 11월 1일 만성절 날입니다.

만성절은 가톨릭에서 온갖 성인을 기리는 대단히

중요한 날인데, 그날 아침 9시 반 무렵에 갑자기 땅이 흔들리고 대지진이 일어났지요. 지금도 그렇지만 포르투갈이 굉장한 가톨릭 국가이지 않습니까. 모든 신도들이 그날 일을 쉬고 교회에 모여서 미사를 올리는 엄숙한 종교적인 날입니다. 그런데 그때 갑자기 지진이 시작되어 건물이 흔들리다가 바로 그냥 무너져 내리기 시작해서 성당이고 가정집이고 궁전이고 할 것 없이 초토화가 되었지요. 사람이 얼마나 죽었는지 정확한 숫자도 알 수가 없어요. 거기다 해일이 몰려와서 물난리가 나고 다시 또 불난리가 나서 완전히 초토화시켜버린 겁니다.

그 난리를 두고, 여러 해석이 많았지요. 유별나게 종교재판을 하던 그런 중세시대의 가톨릭식의 유습이라고 할까, 그런 게 청산이 안 되고 그대로 지속되고 있어서 그것에 대한 벌이라고도 했습니다. 종교적으로 비판하는 사람들, 주로 계몽주의자들이 그렇게 보았지요. 지금은 상상할 수도 없는데 가톨릭에서 계몽주의자나 진보주의자를 엄청 탄압을 했더군요. 그런 상황이었는데 하필 만성절에 대지진이 일어난 것을 두고 여러 가지 해석이 분분할 수밖에 없지요. 종교 비판하기 딱 좋은 이야기지요.

그런데 그 당시 포르투갈이 그야말로 번영의 극치를 이루고 있었습니다. 수도 리스본을 안 본 사람은 인생을 살았다고 말할 자격이 없다 할 정도로 대단히 번영했습니다. 포르투갈은 실제로 부가 엄청났지요. 식민지 브라질에서 금광과 다이아몬드광이 터져서 막대한 부가 들어오는데, 그 1/5은 세금 명목으로 무조건 왕실 몫이었지요. 그래서 흔히 하는 말처럼 금으로 가득

찬 궁전을 만들어 놓았는데, 유럽 왕실의 재산 다 합해도 포르투갈 왕실을 당할 수 없다 할 정도였답니다. 한편 극빈자들은 그때나 지금이나 엄청 많았고 말하자면 빈부격차가 엄청났습니다. 교육이나 일반 국민에 대한 배려는 없고, 왕실 중심으로 가진 자들끼리 초호화판을 누리다가 그런 재앙을 당한 겁니다. 그런데 그때 포르투갈과 스페인이 아메리카 대륙에 가서 그곳 원주민에게 어떤 짓을 했는지 많이 알려져 있지 않습니까. 그런저런 걸 다 보면 다름 아닌 인과응보因果應報라 할 수 있습니다. 그들은 종교뿐 아니라 정치 경제 모든 면에서 원주민을 마냥 착취를 했으니까 그에 대한 인과응보가 아니고 무엇이겠습니까.

인과응보는 언제 어디서나 꾸준히 진행되고 있다고 봅니다. 국가나 경제나 모든 것이 인과응보의 선상에서 부침하는 겁니다. 그것이 역사입니다.

내가 전에 서양 사람들이 인과응보에 대한 개념을 좀 정직하게 긍정하고 받아들이는 날이 빨리 와야 될 텐데 하는 이야기를 한 적이 있습니다. 지금 미국 트럼프 대통령을 보면, 저 양반이 제정신으로 저러나 하고 생각하기 딱 쉽지요. 제정신이 아닌 게 아니라 정신이 말짱하고 영악한 사람인 걸로 보입니다. 그 사람이 미국이 당면한 현실을 '위기의 미국'이라고 보는 겁니다. '미국은 이미 강대국으로서나 선도하는 리더국으로서 지구촌에 대한 배려 같은 것을 할 입장이 아니다, 미국으로서는 그런 것은 당치도 않은 허세다.'라고. 그는 지금 빨리 미국을 추슬러 가장 실리적으로 매사를 처리해 나가야 한다고 생각할 정도로 영악스러우면서 실리적인 사람 같습니다. '이제 모든 걸 다 격식을 차리고 폼도 차리고 슬슬 절차를 밟아서 하기에는 상황이 너무 급박하다, 위기다.'라는 식입니다. 트럼프는 지금의 미국을 굉장한 위기에 처한 나라로 보고 저런 행동을 하는 게 아닌가 합니다.

지금 코로나 이것도 어쩌다 와서 일과성으로 지나가는 재난일까요? 아까 이야기한 리스본 대지진도 역사에 심대한 영향을 끼쳤지요. 그러한 엄청난 피해를 준 사건이 일과성이 아니라 역사에 여러 가지 변곡점이 되어서 결국 그 사건은 이후 서구에 합리주의라든가 계몽주의가 일어나고 학문이 부흥하는 긍정적 계기를 마련했습니다. 지진은 오히려 어떻게 보면 나름대로 긍정적인 영향을 끼쳤습니다.

그러면 코로나는 어떤 영향을 끼칠 것인가? 리스

본 대지진보다 오히려 더 큰 영향을 끼칠 거라고 봅니다. 어떤 영향일까요? 이제 인류가 앞서 말한 인과응보를 알고 좀 더 겸허해지고 욕망을 자제하고 나아가 탐·진·치貪瞋癡를 다스리지 않을 수 없게 만들 것으로 봅니다. 예를 들면 이번 코로나로 사람들이 집에서 나가지 못하면서 여러 가지 불편을 느끼기도 했겠지만, 한편 모처럼 쉬지 않았을까 싶습니다. 쉰다는 걸 모르고 무척 모두들 바삐바삐 빨리빨리 하며 온통 빨리를 찾던 것에 본의 아니게 제동이 걸리고 빨리가 아니라 이제 어떻게 하면 그냥 쉬는 것을 잘 견뎌내는가 하는 역설적인 상황을 경험하고 있습니다. 이게 일과성이라면 '며칠간, 몇 달간 불편했어.' 하고 지나갈 테지요. 그러나 지금 인류가 당면한 상황은 그 정도로 지나가는 그런 일과성 성질은 아닐 것 같습니다.

'이 우주는 자비 구조입니다.' 평소에 항상 이야기하듯이 이 우주는 참 조화속이고 자비로운 구조입니다. 여러분, 코로나를 우주가 인류에게 자비 구조로서 작용하는 것이라고 봅시다. 그렇다면 우주가 인류에게 무엇을 자비롭게 베풀고 있는가? 지금 무엇을 가르치고 있는가? 무엇을 요구하고 있는가? 무엇을 깨우쳐주고 있는가? 이런 면에서 생각하는 게 필요합니다. 역시 우주는 인간을 위한 자비 구조이고, 인간은 우주의 주인공입니다.

흔히 인간을 조그마한 행성 한구석에 미물처럼 복작거리는 그런 존재로 보기도 하지요. 그런데 거시적 안목이나 미시적 안목의 양극단적 견해가 결코 인류에게 도움 되는 것이라고 보지 않습니다. 상대성 이론의 거시 세계와 양자역학의 미시 세계가 현대물리학이라는 이름으로 물질세계를 설명하고 있는데 그 자체는 막을 수도 없고 막을 필요도 없고 그냥 추이를 관망할 수밖에 없지요. 과연 과학이 어디로 가느냐? 결국 사람이 과학이나 학문을 발달시킬 때는 인류에게 도움이 되라고 하는 거 아닙니까? 그렇건만 그것이 단순한 물질적 혜택이라든가 편리를 도모하는 정도에서 그친다면 의미가 없습니다. 뿐만 아니라 더 무서운 인과응보가 온다는 말입니다.

왜? 인간은 편하게 살고 제멋대로 방자하게 살라고 만들어진 존재가 아닙니다. 그리고 자비 구조인 우주가 그런 식으로 사는 인간을 위해 자비를 베푸는 게 아닙니다. 인간은 향상을 위해서 노력해야 되고 우주는 향상을 위하여 노력하는 인간에게 온갖 성원과 가피를 다 보낸다는 말입니다. 우주의 중심이 인간이라는 말은 곧 '인간 향상'이 중심이라는 뜻입니다. 요컨대 우주는 인간 향상을 통해 진리를 구현하는 쪽으로 향하는 큰 흐름을 이루고 있습니다. 그것이 우주입니다.

그런데 지금 과학자들이 자기네들 안목에 맞춰서 거시든 미시든 간에 모든 것을 너무 좁게 본다는 것이 상당히 심각한 문제입니다. 그런 식의 안목으로는 인간의 거대한 향상의 기회는 막히고, 어떤 면에서는 오히려 인간의 탐욕이 더 커질 수도 있다고 봅니다. 그것은 트럼프가 미국을 보는 눈도 마찬가지입니다. 트럼프가 세계의 지도국으로서 미국을 보는 눈이 아니라 당장 위기에 처한 미국을 중심으로 미국을 살리려고 좁게 보는 눈으로 영악하게 대처하고 있지요. 그러나 크게 보면 그것은 인간의 존재 의미를 애시 당초 무시한 잘못된 입장이라고 봅니다. 그런 점에서 우리는 트럼프를 평가해줄 수 없고 긍정해 줄 수가 없습니다.

코로나 사태를 어떻게 볼 것인가? 자비 구조인 우주가 지구촌의 내일을 좀 더 밝히고 긍정적으로 보도록 코로나 현상을 통해 인류에게 커다란 경책을 주고 있는 것이라고 봅니다. 이 코로나 현상은 일과성으로 백신이나 만들어서 모면하고 넘어가야 할 일이 아닌 겁니다. 이제 인류가 코로나 사태를 그런 식으로 대하는 자세는 지양되어야 합니다. 코로나 현상을 통해 우주가 대단히 엄중하고 큰 경책을 주었습니다. 말하자면 인류에게 채찍과 사랑의 매질을 준 것입니다. 그런데도 인류가 그 뜻을 제대로 읽지 못하고 받아들이지 않으면, 우주로서는 인류를 포기하느냐 또는 계속 더 시련을 줘서라도 깨우치게 하느냐 하는 선택의 기로밖에 없잖습니까? 하지만 자비 구조인 우주로서는 인간 향상을 그렇게 단순히 쉽게 포기할 일은 아닐 겁니다.

전에 여러 번 말했듯이 '인생은 학교'입니다. 인간은 학교에 들어가서 공부하고 졸업해야 하지요. 말하자면 성불해야 합니다. 그것이 인간 학교인데 지금 공부를 잘못하니까 우주가 기다리고 기다리다가 큰일 났다 싶어서, 시간이 없다 싶어서 계속 경책을 주는 것입니다. 인류가 그 경책의 메시지를 읽지 못하고 회피해 버리면 우주는 더욱더 경책을 줄 수밖에 없잖습니까?

왜 그럴까요? 우주가 이 인간 농사를 포기할 일이 아니거든요. 인간수업을 포기할 일이 아닌 겁니다. 인간 농사가 잘 안된다고 몇 번 경책을 시도해 봤으나 그래도 안 되니까 '인간, 이거 포기다.' 하기에는 이 일이 너무 큰 겁니다. 그래서 우주는 계속 경책을 주게 됩니다. 결국 우주의 경책인 코로나는 전문가들이 보기에는 몇 년까지 간다고도 하지요. 우주의 이러한 경책은 어쩌면 앞으로 계속될 거라고도 볼 수 있지요. 향상하라는 경책이요, 채찍이니까. 그러니까 요는 인간이 그 경책을 알아차리고 경책답게 살려내는 노력을 얼마나 실답게 하는가, 즉 우주의 경책에 반응을 제대로 보여서 인간 향상을 이루는가 하는 것이 핵심입니다.

이번 코로나 사태는 단순하게 매질만 하는 게 아니라 매질 모습이 참 얄궂고 묘합니다. '집에 들어앉아 있어라, 접촉 좀 그만하고, 나부대는 거 그만하고, 가만히 좀 앉아 봐라.' 하니, 이거 강제 공부입니다. 우리는 그 강제 공부를 제대로 하여 큰 계기를 이루어야 합니다. 그리하여 인류가 너나없이 자발적으로 앉아보면, '가만있으니 참 좋더라, 왜 그동안 그렇게 나부댔

는지 모르겠다, 이제 조금 절제를 해보자.' 이렇게 될
겁니다.

부모가 자식을 나부댄다고 나무라면서도 부모 자신
은 얼마나 나부댔는가. 그런 커다란 반성의 계기가 마
련되어 모두들 앉아서 참으로 조용히 머물게 되면 소
욕지족少欲知足을 절로 하게 됩니다. 근원적으로 소욕
지족을 하지 않을 수 없습니다. 소욕지족을 깨달아서
하는 게 아니라 강요받아서, 안 할 길이 없어서 하지
않을 수가 없게 됩니다. 우주가 그 정도로까지 인류를
몰아붙일 거라고 봅니다.

이제 불교가 지구촌 어디든 널리 알려졌지요. 실로
유사 이래 처음으로 불교가 지구촌에 널리 기반을 확
보했지요. 웬만하면 부처님을 알게 되었으니, 이것 참

대단한 일입니다. 불교가 무슨 선교를 하는 종교도 아니고, 정복하는 종교도 아니고, 힘으로 밀어붙이는 것도 아니고, 어쩌다 보니 우연히 그렇게 된 것도 아닙니다. 불교가 지구촌 전반에 퍼진 것은 일단의 큰 흐름이고 필연입니다. 지금 때맞춰서 코로나가 들어서 '스스로 들어앉아 있어 봐라, 그리하여 마음 좀 쉬고 자신을 한번 돌아보라, 그리고 새로운 삶의 방식을 생각해 보라.' 하는 그런 큰 계기를 마련한 게 아닌가 합니다.

이런 경책을 받는 힘든 시기에 인류를 위해 앞으로 불교가 더 적극적이고 큰 역할을 해야 하겠습니다. 리스본 대지진을 겪은 서양은 인문학이라든가 합리적인 계몽주의를 통해서 탈출구를 찾았지요. 이제 코로나 팬데믹을 계기로 그 합리주의적 사고방식에서 또 한번 벗어나야 한다고 봅니다.

지금 인류가 소위 합리주의를 취하고 있는데, 그 합리주의 극치가 과학입니다. 그런데 과학이 저렇게 극소와 극대라는 극단으로 치달을 뿐이니, 이것 또한 대단히 심각한 일입니다. 그 폐해는 가톨릭 종교재판보다 더 심각하다고 봅니다. 이런 상황이 와서 인류가 때마침 경책을 받고 향상할 조건은 갖추어졌으니, 여기서 이제 인류가 사고의 성향을 바꾸어야 합니다. 향상의 방향으로 사고를 트는 일을 제대로 해내야 합니다.

그 모든 걸 한 참에, 일거에 넘어서서 확신을 가지고 진리로 바로 나아가는 그러한 불교, 부처님의 근본 가르침을 공부할 때가 아닌가 합니다. 그리고 그런 모습을 인류에게 보여줘야 불교의 존재 의미가 제대로 살아날 게 아니겠습니까.

〈고요한소리〉가 그동안 해온 게 근본불교인데, 우리

의 입장을 한마디로 쉽게 요약할 수 있는 것이 '담마와 아비담마'가 아닌가 합니다. 즉 담마를 어떤 눈으로 보고 아비담마를 어떤 눈으로 보는가에 따라서 근본불교의 입장이 확연하게 정리가 되지 않을까 생각합니다.

《담마와 아비담마》[1] 한 번 더 보십시오. 천천히 음미하면서 거기에 담긴 취지를 이해하기 바랍니다. 담마를 뭐라고 하며 아비담마를 뭐라 했는지, 그리고 우리가 지난 시대의 아비담마를 넘어서서 새로운 시대의 아비담마를 어떻게 새롭게 창조해 나아가야 할 것인가를 살펴보십시오.

지금 이 시대가 바로 새로운 아비담마를 필요로 하는 때입니다. 불교가 그 시대의 아비담마를 창조하는

---

1  활성스님, 소리·열다섯 《담마와 아비담마》, 〈고요한소리〉 참조.

노력이야말로 대단히 중요합니다. 예를 들면 서기 5세기 무렵에 불법이 상당히 활발하게 피어납니다. 그래서 여러 아비담마들이 그 시대에 나와서 많은 도움을 주었습니다. 그런데 그 후는 새로운 아비담마가 못 나오고 있어서 너무 오래 조용한 겁니다. 벌써 천오백 년이 지났다는 말입니다. 부처님이 출현하시고 5세기에 천년 만에 아비담마가 나온 겁니다. 그런데 지금은 그로부터 천오백 년이 지났는데 아직 이 시대의 아비담마가 나오지 않고 있습니다.

게다가 이번에는 새로운 아비담마가 적용될 무대가 범지구적으로 엄청 커졌지요. 불교는 글로벌한 시대에 과학이라든가 온갖 학문들과 모든 경향을 다 포용해내면서도 동시에 아비담마라는 기초를 깔아주는 그런 엄청난 일을 해내야 합니다. 그렇기 때문에 시간도 많이 걸릴 겁니다. 마침 이제 코로나 사태를 계기로 새로

운 아비담마를 창조할 조건이 어느 정도 충족되어가고
있는 것 같습니다.

　여러분, 이렇게 우주의 경책을 받을 때, 향상하기
위하여 그동안 해왔던 근본불교 공부를 좀 더 밀도 있
게 그리고 열심히 해봅시다.

# 덧붙이는 말

　과학이 현대의 종교라 할진대 문제는 과학의 발전이 인간의 진정한 행복에 기여하지 못하고 있다는 겁니다. 인간의 행복은 외부 조건들과 내부 능력에 달렸습니다. 현대 과학기술은 편리라는 외부 조건을 크게 신장시켰지요. 그러나 그 지나친 편리는 인간이 진정한 행복을 누리는 능력, 즉 내면세계를 성숙시키는 능력을 근원적으로 파괴하여 얕고 피상적인 인격체를 대량 생산했습니다. 그 결과 사회 자체가 본질적인 차원에서 경박輕薄해졌습니다.

　그 어디에도 진정한 행복은 없고 부박浮薄한 감각만

넘칩니다. 이처럼 과학기술이 인간을 구성하는 색·수·상·행·식色受想行識 오온五蘊 중 수온受蘊을 극대화시키고 상온想蘊을 극단화시킵니다. 따라서 인간은 진정한 행복을 위한 기본 조건인 오온의 조화와 균형을 잃어버리게 됩니다. ✳

———— 말한이 **활성** 스님

1938년 출생. 1975년 통도사 경봉 스님 문하에 출가.
통도사 극락암 아란야, 해인사, 봉암사, 태백산 동암, 축서사 등지에서
수행정진. 현재 지리산 토굴에서 정진 중. 〈고요한소리〉 회주


———— 엮은이 **김용호** 박사

1957년 출생. 전 성공회대학교 문화대학원 교수 (문화비평, 문화철학).
〈고요한소리〉 이사

# ──── 〈고요한소리〉는

- 붓다의 불교, 붓다 당신의 불교를 발굴, 궁구, 실천, 선양하는 것을 목적으로 설립되었습니다.

- 〈고요한소리〉 회주 활성스님의 법문을 '소리' 문고로 엮어 발행하고 있습니다.

- 1987년 창립 이래 스리랑카의 불자출판협회BPS에서 간행한 훌륭한 불서 및 논문들을 국내에 번역 소개하고 있습니다.

- 이 작은 책자는 근본불교를 중심으로 불교철학·심리학·수행법 등 실생활과 연관된 다양한 분야의 문제를 다루는 연간물連刊物입니다. 이 책들은 실천불교의 진수로서, 불법을 가깝게 하려는 분이나 좀 더 깊이 수행해보고자 하는 분에게 많은 도움이 될 것입니다.

- 이 책의 출판 비용은 뜻을 같이하는 회원들이 보내주시는 회비로 충당되며, 판매 비용은 전액 빠알리 경전의 역경과 그 준비 사업을 위한 기금으로 적립됩니다. 출판 비용과 기금 조성에 도움주신 회원님들께 감사드리며 〈고요한소리〉 모임에 새로이 동참하실 회원을 기다리고 있습니다.

- 〈고요한소리〉 책은 고요한소리 유튜브(https://www.youtube.com/c/고요한소리)와 리디북스RIDIBOOKS를 통해 들으실 수 있습니다.

- 〈고요한소리〉 회원으로 가입하시려면, 이름, 전화번호, 우편물 받을 주소, e-mail 주소를 〈고요한소리〉 서울 사무실에 알려주십시오. (전화: 02-739-6328, 02-725-3408)

○ 회원에게는 〈고요한소리〉에서 출간하는 도서를 보내드리고, 법회나 모임·행사 등 활동 소식을 전해드립니다.

○ 회비, 후원금, 책값 등을 보내실 계좌는 아래와 같습니다.

| | |
|---|---|
| 국민은행 | 006-01-0689-346 |
| 우리은행 | 004-007718-01-001 |
| 농협 | 032-01-175056 |
| 우체국 | 010579-01-002831 |
| **예금주** | **(사)고요한소리** |

# ─── 마음을 맑게 하는 〈고요한소리〉 도서

## 금구의 말씀 시리즈

## 소리 시리즈

## 법륜 시리즈

## 보리수잎 시리즈

## 붓다의 고귀한 길 따라 시리즈

## 단행본

소리 · 스물셋

# 윤리와 도덕 / 코로나 사태를 어떻게 볼 것인가

초판 1쇄 발행 2020년 10월 30일
초판 2쇄 발행 2023년  3월 30일


**말한이**　활성
**펴낸이**　하주락·변영섭
**펴낸곳**　(사)고요한소리
**제작**　도서출판 씨아이알 02-2275-8603


**등록번호**　제1-879호 1989. 2. 18.
**주소**　서울시 종로구 인사동길 47-5 (우 03145)
**연락처**　전화 02-739-6328  팩스 02-723-9804
　　　　　부산지부 051-513-6650  대구지부 053-755-6035
　　　　　대전지부 042-488-1689
**홈페이지**　www.calmvoice.org
**이메일**　calmvs@hanmail.net
**ISBN**　978-89-85186-34-6 02220

　　　　　값 1,000원